Wellensittiche

halten für Anfänger

Wie Sie Ihre Wellensittiche ideal halten, pflegen, beschäftigen und zähmen – inkl. Notfallplan bei Krankheit und Futtertipps

Judith Seifert

INHALT

Was erwartet Sie in diesem Buch?

Wellensittiche sind die wohl beliebteste Vogelart, um sich einen gefiederten Freund ins Haus zu holen. Doch was müssen Sie beachten? Wie lange können Ihnen Ihre Vögel treue Begleiter sein? Was brauchen sie, um ein möglichst friedliches und artgerechtes Leben zu führen? Es gibt auch bei den Wellensittichen einiges zu beachten. Wie bei uns Menschen, gibt es auch bei den Wellensittichen unterschiedliche Charaktere, dennoch können Sie beruhigt sein. Diese kleine

Papageienart, die ursprünglich aus Australien stammt, gehört zu den sehr sozialen Tieren, die gerne die Gesellschaft suchen. Sind Sie der richtige Geselle für die kleinen Piepmätze? Sagt die Farbe etwas über den Charakter aus? Womit können Sie Ihre Wellis glücklich machen? Mögen Ihre Lieben die Ofen- und Heizungswärme oder sind sie am besten draußen in einer Voliere aufgehoben?

Wenn Sie sich diese Fragen oder auch nur einige davon stellen, dann ist dieses Buch genau richtig für Sie. Denn auch wenn Wellensittiche zu den kleineren Haustieren gehören, so bedeutet es nicht, dass sie nicht ausreichend Beachtung und Pflege brauchen. Ich hatte damals zu Jugendzeiten zwei Wellensittiche. Flippi und Chicca - Flippi, der Name war Programm. Er war ein ausgeflippter kleiner Vogel, der mir stets bei den Hausaufgaben auf der Schulter saß und zugeguckt hat. Und wenn er das nicht gemacht hat, saß er an den Posterkanten und hat die Backstreet Boys angeknabbert oder anderen Unfug getrieben. Dennoch war er mir ein treuer Freund. Chicca war ein sehr zurückhaltendes Geschöpf und hat sich den Quatsch ihres Kumpanen lieber aus sicherer Entfernung angeguckt.

Ich möchte Ihnen gern dabei helfen, Ihren Wellensittichen ein schönes Zuhause zu bieten und ihnen ein schönes Leben zu bescheren, wenn sie denn bei Ihnen einziehen dürfen.

JUDITH SEIFERT

Ursprüngliches Leben der Wellis

HERKUNFT

Wie bereits erwähnt, gehören die Wellensittiche zur Art der Papageien. Sie stammen ursprünglich aus Australien und leben dort in teils riesigen Schwärmen. Zusammen fliegen sie auf der Suche nach Futter und Wasser zu Tausenden durch das Land. Hier lässt sich schon erahnen, dass diese Papageienart einer sehr sozialen und geselligen Bande angehört.

Von Natur aus haben die Vögel ein grün-gelbes Gefieder. Sie haben einen gelben Kopf mit sechs dunklen Tupfen, einen violetten Wangenfleck auf jeder Seite und auf dem Hinterkopf und oberen Rücken dunkle Wellen. Der Rumpf und Rücken werden von grünen Federn geziert. Die Schwung- und Schwanzfedern sind dunkelblau bis schwarz. Das ist die beste Farbe, um sich in der australischen Natur in den Eukalyptusbäumen zu verstecken und vor Feinden in Sicherheit zu bringen.

Die kleinen Papageien wurden um 1840 zu Tausenden eingefangen und nach Europa verschifft. Dort sollten die fröhlich zwitschernden Gesellen mit dem leuchtenden Gefieder die Bevölkerung ebenfalls erheitern. Diese anstrengende und stressige Reise hat kaum ein Tier überlebt. Leider hielt das viele Händler nicht davon ab, es weiter zu versuchen. So wurde der Export 1884 verboten und unter Strafe gestellt.

Anderweitige Farbschläge sind erstmals 1878 in Belgien gezüchtet worden. Die ersten blauen Wellensittiche sind geschlüpft. Damals eine Sensation, heute völlig normal. Die verschiedenen Farbpigmente wurden in ihrer Stärke verändert, wodurch die andersfarbigen Wellis entstanden sind. Heutzutage gibt es reinweiße, gelbe, blaue, grüne oder auch gescheckte Wellensittiche. Rote Wellensittiche bleiben den Züchtern trotz vieler Versuche jedoch verwehrt. Die kleinen Papageien verfügen nicht über die genetischen Anlagen, ein rotes Gefieder auszubilden.

NATÜRLICHER LEBENSRAUM

Die Wellensittiche halten sich gerne in der Nähe von Wasserläufen auf. Offene Busch- oder Savannengegenden sind ein bevorzugter Aufenthaltsort, während Waldgebiete gemieden werden. Die Vögel können zwar ohne zusätzliche Wasserzufuhr überleben, doch schätzen sie die Nähe zum Wasser. Vor dem Abflug am Morgen trinken sie gerne Tauwasser von Pflanzen oder baden im nassen Gras.

Da Wellensittiche in freier Wildbahn nicht die Möglichkeit haben, große Fettdepots anzulegen, legen sie keine riesigen Entfernungen am Tag zurück. Würde der Lebensraum es hergeben, blieben die Wellis in einem Gebiet. In Australien sind die Niederschläge jedoch sehr unterschiedlich, sodass das Nahrungsangebot nicht immer ausreichend ist an einem Platz. Das zwingt die Vögel dazu, weiterzuziehen und ihr Nomadenleben zu leben.

Zu den natürlichen Feinden gehören Greifvögel.

Um einen Welli zu fangen, muss sich der Greifvogel jedoch auf genau ein Tier fixieren. Das fällt im Schwarm sehr schwer, da die Wellis durch ihre natürliche Farbgebung vor allem im Flug nicht einzeln auszumachen sind.

Auch am Boden oder auf den Bäumen müssen die kleinen Federbälle aufpassen. Hier können sich Schlangen aufhalten, die so einen hübschen Leckerbissen gerne verspeisen. Leider spielen Buschbrände im australischen Raum immer noch eine große Rolle und sind eine Bedrohung. Sie rauben den Tieren neben ihren Futterplätzen auch die Brut- und Schlafplätze. Die Tiere sind gezwungen weiterzuziehen. Womöglich haben sie sich noch nicht ausreichend stärken können für den Flug und schaffen eine längere Strecke nicht. Hinzu kommt, dass der große Hunger aller Tiere zur Nahrungsknappheit in dem angesteuerten Gebiet führen kann.

Die erwartete Lebensdauer ist bei den freilebenden Tieren schwer zu ermitteln. Man geht davon aus, dass sie in etwa fünf bis sieben Jahre alt werden. Vorausgesetzt, sie fallen keinem Feind zum Opfer oder erkranken schwer.

Anders als in Europa werden die Wellensittiche

in Australien nicht als Haustiere gehalten, sondern gehören dort zu den Nahrungsmitteln.

8

Gedanken vor der Anschaffung

HALTUNGSVORAUSSETZUNGEN

Vor der Anschaffung der kleinen Australier müssen Sie sich zuerst fragen, ob Sie ihnen alles für eine artgerechte Haltung bieten können.

Sie wissen schon, dass der Wellensittich ursprünglich in großen Schwärmen lebt. Aus diesem Grund ist es auf jeden Fall zwingend notwendig, sich nicht nur ein Tier anzuschaffen. Sie sollten auf jeden Fall paarweise oder wenn möglich sogar in kleinen Schwärmen gehalten werden. Artgenossen untereinander können sich gegenseitig pflegen oder von Parasiten befreien, was einem Menschen nicht ohne weiteres möglich ist. Sie können voneinander lernen, miteinander spielen und über Töne oder Bewegungen kommunizieren.

Je nach Anzahl der Vögel muss natürlich auch eine passende Voliere ihren Platz finden. Bei einem Pärchen gilt hier als Richtwert eine Größe von 150 x 60 x 100 cm. Für einen Schwarm muss diese natürlich entsprechend größer ausfallen.

Wenn Sie Ihren Vogel im Haus oder in der Wohnung halten wollen, achten Sie bitte darauf, dass für einen möglichen Freiflug ein paar geeignete Landemöglichkeiten vorhanden sind. Nicht zu vergessen, dass Fenster und Türen geschlossen sein müssen und der Vogel das Fenster auch als Fenster wahrnehmen muss. Zu schnell kann es ihm sonst so ergehen wie manchen heimischen Vögeln, die im Haus einen Besuch abstatten wollen, aber plötzlich durch die Scheibe abgebremst werden.

Klettermöglichkeiten mögen Wellis besonders gern. So wie ihre großen Artgenossen ziehen auch sie sich gern mal mit dem Schnabel an einem Seil hoch oder machen andere Kunststücke.

Nicht zu vergessen sind Futter- und

Trinkstellen. Diese können auch in der Voliere angebracht werden. Idealerweise befestigen Sie diese an den Seiten der Voliere, denn die Wellensittiche können recht ungestüm werden, wenn es darum geht, ein Sandbad auf dem Boden zu nehmen. So besteht keine Gefahr, dass nach kurzer Zeit alles verschmutzt ist.

Unabdingbar ist ein Badeplatz für den Wellensittich. Es gibt in Zoohandlungen Bäder, die in die Türöffnung gehängt werden können. Diese sind sehr praktisch, da das Wasser bei Bedarf jederzeit gewechselt werden kann, ohne dass man hierfür in den Käfig greifen muss. Einfache Schalen reichen aber auch.

WEITERE ÜBERLEGUNGEN

Wellensittiche sind zwar nur kleine Tiere, dennoch sollten Sie sich darüber im Klaren sein, dass die Tiere unter guten Lebensbedingungen zehn bis fünfzehn Jahre alt werden können.

Überlegen Sie sich, wie sich Ihre Lebenssituation eventuell verändern kann und ob die Tiere auch zu veränderten Gegebenheiten noch Platz in Ihrem Leben haben.

Es ist nicht ratsam, seiner alten Oma Wellensittiche gegen die Einsamkeit zu schenken, wenn sie sich selber nicht darum kümmern kann. Genauso wenig sollten die Wellis ein Versuch sein, ob die Kinder sich verantwortungsbewusst um ihre Tiere kümmern. Es sollten stets Eltern dahinterstehen, die sich den Tieren bei Desinteresse annehmen. Allerdings sollte dies bei jeder Tierart der Fall sein und nicht nur bei den Wellensittichen.

Wellis sind kleine Plappermäuler. Schließlich gehören Sie zur Rasse der Papageien. Von früh bis spät können die kleinen Federbälle für Stimmung sorgen. Dies ist selten eine penetrante Geräuschkulisse. Die lieben Tiere verstehen es jedoch gut, sich Gehör zu verschaffen, wenn ihnen danach ist. Sitzen Sie mit Ihrem Besuch zusammen, möchten die Wellis gern auch ein Wörtchen mitreden.

Zu Beginn hatte ich schon von meinem Flippi erzählt. Er ist kein Einzelfall, was das Anknabbern von Gegenständen angeht. Ist zum Beispiel die Tapete eventuell an einer kleinen Stelle lose und sieht besonders schmackhaft aus, so hat es für das Tier durchaus einen Reiz, diese mal näher zu erkunden. Natürlich muss immer darauf geachtet werden, dass die Gesundheit des Tieres bei solchen Aktionen nicht in Gefahr gerät.

Gerne werden Wellensittiche als kleine, kuschelige Plüschvögelchen dargestellt. Dem ist nicht so. Es gibt wirklich jede Menge handzahme Tiere, das ist aber keine Selbstverständlichkeit.

Informieren Sie sich vorab, wo Sie einen vogelkundigen Tierarzt finden. Nicht jeder Tierarzt ist der richtige Ansprechpartner für Ihren kleinen Liebling.

JUDITH SEIFERT

Lebensumfeld des Wellensittichs

HALTUNG IN DER AUßENVOLIERE

Sie möchten gerne Wellensittiche haben, aber nicht im Haus oder in der Wohnung? Das ist gar kein Problem. Glücklich werden Ihre Federbälle mit einer mindestens vier Quadratmeter großen Außenvoliere, je nach Schwarmgröße. Dies kommt der artgerechten Haltung sogar sehr nahe. Die Vögel haben die Geräusche der Umwelt und können ihre Sinne schärfen, wie es in freier Wildbahn der Fall ist. Dazu können sie genüsslich ihre Runden drehen und haben ausreichend Flugfläche zur Verfügung. Frische Luft, freie Sicht und ein abwechslungsreicheres Leben sind an der Tagesordnung.

Allerdings sollte hierbei berücksichtigt werden, dass eine Außenvoliere andere Gefahren mit sich bringt. Es muss ausreichend Schutz geboten werden gegen Futterneider oder andere Raubtiere. Klingt dramatisch und der erste Gedanke ist, wir haben keine Raubtiere..., aber hierzu zählen z. B. auch Mäuse, Ratten, Marder oder Raubvögel. Die ungeliebten Nager suchen sich gern einen Weg ins Innere und räubern Nester oder Futternäpfe leer. Zusätzlich können sie Parasiten in die Voliere schleppen, die Ihren Vögeln schlimm schaden können.

Wellensittiche sind hart im Nehmen und können auch im Winter Minusgerade aushalten. Nichtsdestotrotz sollte die Voliere windgeschützt an einem sonnigen Ort stehen. Zuviel Straßenlärm sollte nicht vorhanden sein und der Parkplatz ist auch nicht gerade der geeignete Ort. Je nach Lage Ihres Grundstücks empfiehlt es sich, eventuell vorher mit den Nachbarn Rücksprache zu halten. Fühlen diese sich schnell durch das Gezwitscher gestört und ein Nachbarschaftsstreit könnte sich anbahnen, nehmen Sie vielleicht lieber Abstand von der Idee oder gucken sich nach einem anderen geeigneten Platz um.

Im Winter müssen Sie dafür sorgen, dass die gefiederten Freunde einen Schutzraum haben, in den sie sich bei großer Kälte zurückziehen können. Dieser sollte ebenfalls groß genug sein, um dort die Flügel zu schwingen. Sind die Temperaturen über mehrere Tage sehr niedrig, halten die kleinen Australier sich dort über einen längeren Zeitraum auf. Somit müssen auch ausreichend Sitzgelegenheiten und Beschäftigungsmöglichkeiten angebracht sein. Hohe Plusgerade sind für den Wellensittich kein Problem. So ist er dies doch aus seinem Herkunftsland gewöhnt.

Die Reinigung einer Außenvoliere ist eine andere Dimension als die einer Voliere im Haus oder in der Wohnung. Machen Sie sich Gedanken, wie Sie den Boden ausstatten wollen. Der Kot muss regelmäßig entfernt werden. Sie haben die Möglichkeit, Fundamentplatten auszulegen, die Sie mit Sand oder Buchenholzgranulat bestreuen. Bei einer Reinigung können Sie diese zum einen fegen und haben zum anderen den Vorteil, dass sich ungeliebte Nager nicht durch die Erde ins Innere der Voliere buddeln können.

HALTUNG IM HAUS ODER IN DER WOHNUNG

Möchten Sie Ihre Wellensittiche als kleinen Gesellen im Haus oder in der Wohnung halten, ist dies ebenso gut möglich.

Aber auch hier gilt: Zugluft schadet dem Tier! Das ist schon der erste Grund, warum der Käfig nicht auf der Fensterbank stehen sollte. Hinzu kommt, dass die Vögel stehende Wärme oder gestaute Hitze nicht vertragen können. Auf der Fensterbank hat das Tier keine Möglichkeit, sich der permanenten Sonneneinstrahlung zu entziehen. Zusätzlich sollte der Innenraum gut belüftet und nicht stickig sein. Das mögen die kleinen Gesellen gar nicht gern!

JUDITH SEIFERT

Wieviel Pflege müssen Sie in Ihre Wellensittiche investieren?

Die Pflege eines Wellensittichs sowie die Reinigung des ganzen Drumherums sollten Sie fest in Ihren Tagesablauf einplanen. Die Tiere sind sehr reinlich und übernehmen ihre Körperpflege im Wesentlichen selber. Im Schwarm unterstützen die Wellis sich hierbei gegenseitig. Sie baden, fressen einfache Körnermischungen sowie zwischendurch auch gerne mal Frischfutter. Somit bleibt hauptsächlich die Arbeit, den Käfig sauber zu halten. Der Kot sowie die Federreste müssen regelmäßig entfernt werden. Und glauben Sie mir, Wellis können richtige Ferkel sein! Im Freiflug kann es natürlich durchaus passieren, dass ein kleines Häufchen unterwegs verloren geht. Der Kot bildet schnell Keime und kann allergische Reaktionen auslösen. Auch ist damit zu rechnen, dass um den Käfig herum der Staubsauger täglich seine Dienste leisten darf.

Futter- und Trinknäpfe müssen täglich gereinigt werden. Verkotete Stangen oder andere Lieblingsplätze müssen aus genannten Gründen ebenfalls täglich gesäubert werden. Das Einstreu sollten sie alle ein bis zwei Tage wechseln. Dies klingt sehr häufig, hat aber folgenden Grund: Der Kot der Wellensittiche zersetzt sich bei Zimmertemperatur. Dies hat zur Folge, dass nur noch der Anteil des Urins überbleibt. Das ist der weiße Anteil im Vogelkot. Der feste Kotanteil lagert sich als Feinstaub ab und wird von Mensch und Tier eingeatmet. Aus diesem Grund ist es wichtig, die Räume regelmäßig zu lüften. Der Einfachheit halber morgens und abends, bevor die kleinen Flugakrobaten den Raum unsicher machen beziehungsweise, wenn sie wieder in der Voliere sind.

Einmal wöchentlich sollten Sie eine Grundreinigung vornehmen. Das heißt, die Käfiggitter abwischen, eventuell vorhandene Bodenschalen heiß ausspülen und den gesamten Käfig reinigen. Auch sollte aufgrund des durch die Freiflüge entstehenden Feinstaubs mindestens einmal die Woche gewischt werden. Verwenden Sie hierfür bitte keine Reinigungsmittel, heißes Wasser ist ausreichend. Alles andere kann den Wellis schaden.

Sind die Tiere schon etwas betagter, müssen die Krallen gegebenenfalls gepflegt werden. Im Normalfall garantieren verschiedene Holzstangen oder Spielzeug, dass die Abnutzung der Krallen von ganz allein erfolgt.

Mit welchen Kosten ist für die Haltung von Wellensittichen zu rechnen?

VOLIERE

Der größte Kostenfaktor ist sicherlich eine Voliere in angemessener Größe. Diese sollte auf jeden Fall der Größe des Schwarms angepasst sein. Es gibt wunderschöne Hochvolieren. Doch lassen Sie hiervon bitte die Finger. Die lieben Wellis sind keine Hubschrauber. Es ist wichtig, dass sie darin zumindest etwas wenig fliegen können. Zu beachten ist aber, dass kein noch so großer Käfig den Freiflug ersetzen kann! Das gilt natürlich nur für die Haltung im Haus oder in der Wohnung. Außenvolieren sollten, wie bereits geschrieben, sowieso für großzügige Ausflüge ausreichen. Achten Sie darauf, dass die Voliere nicht verzinkt oder lackiert ist. Leider werden diese in noch viel zu großer Zahl in den Handelsgeschäften angeboten. Fangen die Tiere an, daran zu knabbern, ist es hochgradig gesundheitsschädlich! Leider ist ein Großteil des Fachpersonals hier sehr unwissend und kann die notwendige Beratung nicht leisten. Wollen Sie ihren Wellis gleich eine perfekte Landungsmöglichkeit auf der Voliere anbieten, achten Sie darauf, dass diese mit Anflugklappen ausgestattet ist.

AUSSTATTUNG

Dekoriert werden kann die Voliere mit verschiedenen Zweigen, die Sie selber bei einem schönen Waldspaziergang sammeln können. Wenn Sie etwas kreativ sind, kreieren Sie hieraus Schaukeln und Leitern selber. Etwas Besseres kann Ihr kleiner Freund sich gar nicht wünschen. Bedenken Sie dabei, auch im Flugbereich ein paar Lande- und Spielmöglichkeiten aufzustellen. Seile oder Ringe zum

Rumkraxeln werden ebenfalls geliebt. Natürlich gibt es das auch alles im Fachhandel zu kaufen.

Sollte mal ein Besuch beim Tierarzt anstehen, empfehle ich Ihnen, eine kleine Transportbox zu Hause zu haben. Im Krankheitsfall muss schnell mal eine griffbereit sein. Warten Sie nicht erst, bis es soweit ist.

TIERARZTKOSTEN

Die Tierarztkosten sind bei harmlosen Krankheiten nicht sehr kostenintensiv (20 - 50 EUR). Müssen Sie mit Ihrem Welli aber zum Notdienst, steht eine Medikamentengabe an oder der arme Kerl muss operiert werden, können 100 - 300 EUR anfallen.

Für die Urlaubsplanung müssen Sie unbedingt jemanden haben, der sich mit Ihrem Federfreund beschäftigt und sich um die notwendige Versorgung kümmert. Ideal wäre es natürlich, wenn Sie jemanden im Freundes- oder Bekanntenkreis haben. Ist das nicht der Fall, müssen Sie Ihre Tiere zu einem Vogelsitter geben und hierfür weitere Kosten einplanen.
Zu guter Letzt fehlen Ihnen noch die Tiere. Für die

Anschaffung eines Wellensittichpärchens können Sie mit etwa 70 EUR rechnen.

Zusammensetzung Ihres Schwarms

PÄRCHENKOMBINATION

Möchten Sie erst einmal mit zwei Wellensittichen anfangen, nehmen Sie am besten ein echtes Pärchen, sprich ein Männchen und ein Weibchen. Bedenken Sie jedoch, dass die Vögel sich ihren Partner selber aussuchen. Männchen und Weibchen heißt nicht automatisch, dass die beiden wunderbar zusammen harmonieren.

Es ist auch möglich, zwei Hähne zusammenzusetzen. Achten Sie darauf, dass die beiden in etwa das gleiche Alter haben. Es kann sonst passieren, dass direkt das Kräftemessen erfolgt und der Schwächere unterdrückt wird. Sind die beiden ebenbürtig, kann man manchmal auch pärchenähnliches Verhalten feststellen Dann lässt sich einer der beiden Hähne vom anderen füttern.

GESCHLECHTER ERKENNEN

Das Geschlecht der Vögel ist an der Wachshaut zu erkennen. Das ist die Haut oberhalb des Schnabels, die die Nasenlöcher umgibt. Bei Männchen ist sie im Normalfall dunkelblau, bei den helleren Farbschlägen auch lila. Braun sollte die Wachshaut bei Männchen keinesfalls sein. Dann nehmen Sie bitte auf jeden Fall Abstand davon, dieses Tier zu übernehmen. Das deutet mit großer Wahrscheinlichkeit darauf hin, dass der Vogel krank ist und unbedingt einem vogelkundigen Tierarzt vorgestellt werden sollte!

Bei Weibchen ist die Wachshaut während der Brutigkeit braun. Außerhalb dieses Zeitraums ist sie hellblau mit weißen Ringen um die Nasenlöcher.

Um als Anfänger etwas auf der sicheren Seite zu sein, empfehle ich Ihnen, zwei (oder mehr) Vögel aus einem bestehenden Schwarm anzuschaffen. Gern dürfen diese auch schon 12 Monate alt sein, denn in dem Alter sind die Geschlechtsreife und der Charakter bereits ausgeprägt. Außerdem wissen Sie so sicher, dass die beiden sich vertragen.

Was fressen Wellensittiche gern und was tut ihnen (nicht) gut?

REGELFUTTER

Wellis sind sehr vielseitig, was ihre Ernährung angeht. Eine Körnermischung aus verschiedenen Hirsearten, Hafer, Ölsaaten, z. B. Leinsamen, und einer Kanariensaat ist eine gute Grundlage. Die Ölsaaten sollen allerdings nicht mehr als ca. 5 % der Mischung ausmachen. Ernähren Wellensittiche sich zu üppig, können Verfettungen auftreten. Diese machen Ihrem Welli im wahrsten Sinne des Wortes schwer zu schaffen.

Durchaus kann eine Verfettung dazu führen, dass Ihr Vogel bewegungsfaul wird und im eigenen Teufelskreis gefangen ist. Versuchen Sie etwas darauf zu achten, dass Ihr Vogel auch alles frisst und sich nicht nur das Beste rauspickt, denn dann kann die Ernährung zu einseitig ausfallen.

QUELL- UND KEIMFUTTER

Gequollenes oder gekeimtes Futter eignet sich auch gut für die Ernährung. Vor allem für die Tiere, die leicht zur Verfettung neigen, tun sich gut an dieser Variante. Es kommt dem Futter der freien Wildbahn am nächsten und ist nicht so energiereich wie die anderen Körnermischungen. Beim Keimfutter kann es vorkommen, dass dies vielleicht schon länger steht und Sie sich nicht sicher sind, ob es wirklich noch genießbar und nährstoffreich ist. Hier können Sie ganz einfach eine Keimprobe vornehmen:

- Legen Sie ein feuchtes Küchenpapier auf einen Teller.

- Streuen Sie ein wenig von dem Futter auf das Küchenpapier und lassen es an einem warmen Ort stehen.

- Ist das Futter nach zwei Tagen komplett gekeimt,

können Sie es ruhigen Gewissens verfüttern. Haben nur ganz wenige der Körner gekeimt, sollten Sie es ersetzen. Dann sind nicht mehr genügend Nährstoffe vorhanden.

Lagern Sie Ihr Futter vorzugsweise an trockenen, kühlen und gut belüfteten Orten. So haben Mehlmotten, Bakterien oder Schimmelpilze am wenigsten Chancen, sich einzunisten.

FRISCHE KOST

Stellen Sie täglich Grünfutter zur Verfügung. Damit die Tiere ausreichend mit Vitaminen und Mineralstoffen versorgt werden, können Sie sogar Wildkräuter wie Vogelmiere oder Löwenzahn anbieten. Die Auswahl ist extrem vielseitig. Haben Sie eine Kräuterschnecke im Garten oder ziehen sich Kräuter auf der Fensterbank, können Sie von Ihrer Kresse oder auch der Petersilie etwas anbieten. Salat, Obst oder andere rohe Gemüsesorten wie Gurken, Möhren und Salatblätter sind eine willkommene Abwechslung. Achten Sie darauf, dass dies nicht zu lange am Futterplatz verweilt und tauschen es regelmäßig aus. Mit dem Obst etwas zurückhaltender sein als mit dem Gemüse, da dieses Ihre kleinen Lieblinge durch den enthaltenen Fruchtzucker schneller dick werden lässt, wenn sie zu den bewegungsfauleren Charakteren gehören.

KOLBENHIRSE

Heiß geliebt wird wohl von jedem Welli die Kolbenhirse. Hängen Sie diese nicht direkt an die Käfigseite zur Sitzstange, weil Sie besonders lieb zu Ihren Wellis sein wollen. Nein, die kleinen Kerle dürfen ruhig etwas dafür tun. Befestigen Sie die Kolbenhirse am Deckel auf oder an anderen Stellen im Raum. So können die Vögel sich ihr Futter hängend erarbeiten. In der freien Natur leben die Tiere schließlich auch nicht im Schlaraffenland und müssen sich dafür auch schon mal auf den Kopf stellen.

BEZUGSQUELLEN

Gute Bezugsquellen sind sortierte Fachhandel. Gucken Sie gern auch online. Leider muss man sagen, dass namenhafte Hersteller aufgrund von guter Werbung hohen Absatz erzielen, aber leider nicht darauf aus sind, das Beste für Ihre Wellis zu produzieren. Damit das Futter immer frisch, gesund und glänzend aussieht, werden teilweise Öle zugesetzt, die den Vögeln gar nicht gut bekommen. Achten Sie darauf, dass keine Bäckereierzeugnisse enthalten sind und füttern Sie lieber frisches Gemüse statt getrockneter Zusätze.

Vertrauenswürdige Bezugsquellen sind zum Beispiel „Ricos Futterkiste", „Birds and more" oder „Körnerbude".

VOM SPEISEPLAN ZU STREICHEN

Verbotenes Futter gibt es allerdings auch für die kleinen Flauschbälle. Knoblauch, Zwiebeln und Pilze sind ebenso ungeeignet wie Avocados. Rohe oder grüne Kartoffeln, Bohnen, rohe Tomaten, Fruchtkerne, Rhabarber, Rot- und Weißkohl, Wirsing und Zitrusfrüchte gehören ebenfalls nicht auf den Futterplan. All diese Lebensmittel können für Ihre Wellis gefährliche Folgen haben, die mitunter zu einem schlimmen Leidensweg führen können!

GOLLIWOOG

Golliwoog ist eine Futterpflanze, die ihren Ursprung in Lateinamerika hat. Dass sie als geliebtes Leckerli für Haustiere entdeckt wurde, ist eher einem Zufall zu verdanken. Die Pflanze ist nicht nur bei Ziervögeln beliebt, sondern auch für Hunde, Katzen, Meerschweinchen oder Reptilien geeignet. Außerdem ist sie sehr gesund, da ihre Blätter mit Mineralien und Vitamin A ausgestattet sind und zusätzlich viel Wasser enthalten.

Die Blätter werden von den Federbällen gerne zerrupft, während die Triebe gefressen werden. Wenn Sie Ihren Tieren etwas länger Freude an dieser schmackhaften Pflanze bescheren wollen, sollten Sie diese nur kurzzeitig zur Verfügung stellen. Ansonsten können Sie sich darauf verlassen, dass die Wellis alles geben und dieser Leckerei voll und ganz verfallen. So sieht das Pflänzchen dann auch nach ein paar Stunden aus.

Sie können den Golliwoog in Gärtnereien, Gartenbaumärkten oder auch in vielen Zoohandlungen kaufen. Achten Sie darauf, dass dieser als Tierfutterpflanze ausgewiesen ist. Nur so können Sie sicher sein, dass die Pflanze nicht gedüngt oder mit

Pflanzenschutzmitteln herangezogen wurden. Da der Golliwoog nicht winterhart ist, ist er hauptsächlich in der wärmeren Jahreszeit zu erwerben. Wenn Sie die Möglichkeit haben, stellen sie sich für die kalte Zeit ein paar Pflanzen im Innenraum auf. So haben Sie stets eine Reserve.

Was gibt es beim Wellensittichkauf zu beachten?

ZÜCHTER

Die Abnahme der Wellensittiche von einem erfahrenen Züchter ist leider kein Garant dafür, dass Sie wohlbehütete und artgerecht gehaltene Wellis bekommen. Sicherlich oder vielmehr hoffentlich ist ein Großteil der Züchter sorgsam im Umgang mit den kleinen Australiern, dennoch gibt es auch hier schwarze Schafe. Das Problem ist, dass es keine gesetzlichen Vorgaben gibt, die ein sogenannter Züchter einhalten muss.

Hat er viele Preise oder Ausstellungen vorzuweisen, hat das nichts zu bedeuten. Kleine Züchter, die mit Liebe und Fürsorge eine kleine Hobbyzucht vorweisen, können durchaus die besseren Ansprechpartner sein.

TIERHANDLUNGEN UND ZOOGESCHÄFTE

Denkt man über die Anschaffung von Wellensittichen nach, kommen einem neben den Züchtern natürlich direkt Tierhandlungen und Zoogeschäfte mit in den Sinn. Ich muss ehrlich sagen, das sollte Ihre letzte Anlaufstelle sein. In den Verkaufsvolieren sieht es schön aus. Alles, was im Laden an Spielzeug, Zubehör und Leckerlis mit angeboten wird, hängt direkt zur Veranschaulichung in der Voliere und diese sind dazu stets sauber. Das sagt nur leider nichts über die Haltung der Tiere aus. Oft kommen diese von anderen Züchtern oder Großhändlern, die hier ihre Restposten anbieten. Die Tiere können schon älter sein oder gar noch viel zu jung. Das Personal ist oft nicht ausreichend vogelkundig, um wirklich genaue Auskünfte erteilen zu können. Durch die Haltung mehrerer Tiere in einer Voliere, die gegebenenfalls nach und nach dazugestoßen sind, besteht das Risiko von Milben oder anderen übertragbaren Krankheiten. Im Geschäft wird ganz sicher keine Eingangsuntersuchung von einem vogelkundigen Tierarzt vorgenommen, bevor die Wellis sich den Käfig teilen müssen.

ONLINE-VERKAUFSBÖRSEN

Wenn Sie über Online-Verkaufsbörsen wie zum Beispiel Ebay Kleinanzeigen auf der Suche nach neuen Mitbewohnern sind, werden Sie schnell fündig. Jedoch ist es heutzutage leider nicht unüblich, Fotos zu bearbeiten oder ansprechende Texte online zu gestalten, die leider nicht der Wahrheit entsprechen. Achten Sie hier sehr auf den Schreibstil. Suchen Sie sich ein Angebot aus der Nähe aus, wo Sie mitunter auch zweimal hinfahren können. Grundsätzlich schadet es sowieso nicht, nochmal eine Nacht darüber zu schlafen. Machen Sie sich ein direktes Bild vor Ort. Nur so können Sie gewiss sein, dass die tierischen Gesellen unbekümmert ins Leben starten durften.

WAS GIBT ES NOCH BEIM KAUF ZU BEACHTEN?

Achten Sie auf das Alter Ihres künftigen Mitbewohners. Wellensittiche unter zwölf Wochen sollten nicht von den Elterntieren getrennt werden.

Grund hierfür ist die Futterfestigkeit des Jungtieres. Ist das Küken noch nicht futterfest, so wird es kaum eine Überlebenschance haben. Für Laien ist nicht erkennbar, ob das Tier genügend Nahrung zu sich nimmt. Selbst wenn man durch Aufzuchtmaßnahmen über dies Stadium hinauskommt, können Spätfolgen auftreten. Die Mangelernährung führt häufig zu Schäden an inneren Organen, vor allem an den Nieren. Der Vogel wird vermutlich nicht alt werden. Spätestens die erste ernsthafte Erkrankung kann sein Todesurteil bedeuten.

Doch auch was das Sozialverhalten der Tiere angeht, ist es vor Ablauf der zwölf Wochen eindeutig zu früh. So wie wir Menschen, lernen auch die Federbälle durch Abgucken und Nachahmen ihrer Schwarmgesellen. Sie müssen lernen, Drohlaute zu erkennen sowie die Körpersprache der anderen Tiere. Auch kann das Paarungsverhalten gestört sein. Es findet zwar ein Balzverhalten statt, aber

keine Paarung, denn der Vogel versteht es schlicht-
weg nicht, was sein Gegenüber ihm mitteilen
möchte. Dies kann zu Bissattacken, Frustration und
Aggressivität führen. Stellen sie sich nur vor, solch
einen Vogel möchten Sie in Ihrem Schwarm integrie-
ren oder Ihrem einzeln verbliebenen Vogel als fröhlichen Gesellen anbieten. Das zählt sicherlich nicht
zu Ihrer Wunschvorstellung und auch nicht zu der
des verbliebenen Federballs.

Merkmale für gesunde Wellensittiche

Bei allen Anbietern gilt: Fallen Sie nicht auf Lockangebote rein! Kommen Ihnen die Flügel gestutzt oder unvollständig vor oder sieht das Federkleid merkwürdig aus, nehmen Sie Abstand. Der Vogel wird nicht immer in der Mauser stecken, sondern es verbirgt sich etwas anderes dahinter!

- Das Gefieder sollte immer lückenlos sein (außer in der Mauser), glatt und anliegend.
- Wellis haben eine aufrechte Haltung. Sie sitzen

nicht vornübergebeugt auf ihrer Stange.

- Beobachten Sie, ob das Tier seine Umgebung aufmerksam begutachtet. Reagiert es auf Ansprachen oder Bewegungen um sich herum?

- Haben der Schnabel und die Wachshaut eine glatte Oberfläche?

- Weisen die Beine Missbildungen auf, sind sie ungewöhnlich verformt?

- Haben die Krallen eine vernünftige Länge?

- Atmet das Tier geräuschlos, ruhig und gleichmäßig?

- Sieht der Kot normal aus? Wenn Sie sogar beobachten können, wie der Kot ausgestoßen wird: Erfordert es eine größere Anstrengung für das Tier oder klappt das ganz nebenbei?

Nehmen Sie diese Punkte als Leitfaden mit. Natürlich ist es kein Garant für einen kerngesunden Wellensittich. Doch sind Sie so schon auf der sichereren Seite, als wenn Sie einfach Tiere kaufen, die Ihnen Herzchenaugen ins Gesicht zaubern, weil sie so einen wunderbar schönen Farbschlag und ein bezauberndes Zwitschern haben. Gibt es in Ihrem Freundes- oder Bekanntenkreis sogar einen absoluten

Wellensittichkenner, sollten Sie diesen unbedingt bitten, Sie bei der Auswahl Ihrer neuen Mitbewohner zu begleiten!

42

Der Einzug in ein neues Leben

Es ist so weit! Sie haben Sich dafür entschieden, zwei oder mehr kleinen Papageien ein neues Zuhause zu schenken. Glückwunsch zu dieser Entscheidung!

Doch nun müssen Sie geduldig sein. Ihr neuer Mitbewohner wurde in seiner bekannten Behausung eingefangen, in eine Transportbox gesteckt und nun bewegt er sich auf völlig unbekanntem Terrain.

Stellen Sie die Transportbox direkt vor die Öffnung der Voliere. Lassen Sie die kleinen Gesellen ganz in Ruhe raushüpfen. Versuchen Sie nicht, sie anzutreiben, indem Sie leicht gegen die Box klopfen oder ähnliches. Seien Sie sich immer darüber im Klaren, dass Wellensittiche von Natur aus den Fluchtinstinkt haben, der sie in ihrer ursprünglich freien Wildbahn am Leben hält. Sie sind jetzt erst einmal eine Bedrohung und müssen sich das Vertrauen der Tiere erarbeiten.

Haben die kleinen Federfreunde sich getraut, in den Käfig zu hüpfen, werden sie mit großer Wahrscheinlichkeit still dasitzen und sich möglichst nicht bewegen. Keine Sorge, das ist in dem Moment kein Anzeichen dafür, dass die Tiere krank sind. Es kann aber auch sein, dass die Tiere aufgeregt nach einem Fluchtweg suchen. Sie laufen auf den Stangen hin und her, kraxeln am Käfiggitter herum oder hinterlassen direkt einen Trampelpfad auf dem Boden. Lassen sie ihm in Ruhe die Möglichkeit, sein neues Heim zu erkunden. Haben die Wellis sich daran gewöhnt, wird das panische Verhalten weniger. Sitzen Sie nicht die ganze Zeit gebannt vor der Voliere, sprechen und gucken Sie die scheuen Wesen nicht an. Lassen Sie die Tiere in den ersten Stunden am besten allein und gönnen ihnen Ruhe. Je nach

Charakter kann die Anpassung an die neue Umgebung kurz oder lang sein. Manches kommt einem doch bekannt vor aus dem menschlichen Umkreis. Während die einen den Raum betreten und fröhlich drauf losplappern, gucken die anderen sich ihre Mitmenschen erst einmal genauer an.

Auf eins können Sie sich aber verlassen. Kommt der kleine Hunger durch, werden die Tiere ihre neue Heimat nach etwas Fressbarem durchforsten. Viele Wellensittiche sind es gewöhnt, vom Boden zu fressen. Verteilen Sie zu Anfang gern ein paar Körner dort.

Bricht so langsam die Nacht an, decken Sie die Voliere nicht ab. Das können Sie später machen, wenn es notwendig erscheint. Zu Beginn sollten Sie den Tieren eine kleine Nachtlampe zur Verfügung stellen. Alle Geräusche, alle Bewegungen im Raum sind unbekannt und können die Wellis dazu veranlassen, panisch durch die Voliere zu fliegen. Das Nachtlicht ermöglicht es den Tieren, sich ein wenig zu orientieren und zu erforschen, woher das Unbekannte kommt.

Ist die erste Nacht überstanden, muss es schon gehen, den neuen Gesellen frisches Wasser und

Futter anzubieten. Machen Sie alles langsam! Achten Sie darauf, dass nicht zu viel Unruhe im Raum durch andere Familienmitglieder herrscht und treten Sie ganz behutsam an die Voliere heran. Jetzt ist Gelegenheit, beruhigend mit den Tieren zu sprechen, um ihnen ein wenig ihre Angst zu nehmen. Bedrängen Sie die Wellis nicht, indem Sie bewusst mit dem Finger in ihre Richtung gehen. Konzentrieren Sie sich wirklich nur darauf, das Notwendige zu erledigen und lassen die Tiere ansonsten weiterhin in Ruhe. Das wird in den ersten Tagen Ihre Routine sein. Die Wellis müssen sich auch an ihren neuen Alltag gewöhnen, müssen die Geräuschkulisse kennenlernen und sich auf alle neuen Mitbewohner, egal ob mit oder ohne Federn, einstellen. Alle zwei Tage sollte der Sand oder das Einstreu gewechselt werden. Auch hier mit Bedacht vorgehen.

Reden Sie mit Ihren neuen Mitbewohnern. Ein „Guten Morgen" beim Betreten des Raumes, ein „Gute Nacht" zum Insbettgehen oder was sonst noch anfällt. So haben die Wellis die beste Gelegenheit, sich an Ihre Stimme zu gewöhnen. Das alles sollte aber nicht aus nächster Nähe passieren, sondern im Raum. Fangen die Tiere an, ihr Spielzeug oder anderes Interieur zu beknabbern, merken Sie, die Wellis fassen langsam Vertrauen und fangen an, sich wohl zu fühlen. Vielleicht fangen Sie sogar schon an zu zwitschern?

Nach ein paar Tagen wird sich etwas verändern. Fangen Sie an, kleine Leckerlis wie Salatblätter, Gurken- oder Apfelscheiben durch die Gitterstäbe zu stecken. Die kleinen Flauschbälle werden merken, dass Sie es gut mit ihnen meinen. Vorteilhaft ist es, wenn Sie immer möglichst die gleiche Routine einhalten und sich zu Beginn allein um die Tiere kümmern. Weitere Familienmitglieder können später für die tägliche Fütterung und die Reinigung mit einbezogen werden.

Sie werden merken, Ihre fliegenden Mitbewohner gewöhnen sich an Ihre Hand und verlieren die Scheu. Sie sind nicht mehr die Hand, die gelegentlich in die große Voliere gegriffen hat und es fehlten wieder welche aus dem Freundeskreis. Nein, jetzt sind Sie ihr wahrer federloser Freund... ihr Felo.

FREIFLUG

Nun darf der nächste Schritt eingeläutet werden, der Freiflug. Mehr als vierzehn Tage sollten bis hierhin nicht vergehen. Die kleinen Federbälle brauchen ausreichend Bewegung, die sie in der Voliere nicht bekommen können. Ein paar Vorbereitungen müssen getroffen werden. Suchen Sie sich auf jeden Fall einen Tag aus, an dem Sie über mehrere Stunden zu Hause sind und ein Auge auf Ihre Wellis werfen können.

Hängen oder stellen Sie vorab ausreichend Anflugmöglichkeiten auf. Gut geeignet ist eine Art Vogelbaum. Sie können Äste fest in einem großen Blumentopf setzen oder unter die Decke hängen. Schaukeln oder Ringe können an unterschiedlichen Stellen angebracht werden sowie anderweitiges Spielzeug. Für die Wellis ist es von deutlich größerer Anziehungskraft, wenn diese Plätze etwas höher gelegen sind, mindestens auf Ihrer Kopfhöhe. Die Tiere behalten gern den Überblick.

Nun kann es losgehen. Öffnen Sie die Käfigtür und lassen Ihren Mitbewohnern ausreichend Zeit zu überlegen, was das für sie bedeutet. Scheuchen Sie die Tiere auf keinen Fall aus dem Käfig oder holen sie sogar selber mit einem gezielten Griff raus! Das würde jegliches bereits gewonnene Vertrauen direkt wieder zerstören. Versuchen Sie, das Käfigtürchen so zu befestigen, dass es wie ein kleiner Steg nach außen führt. Das können Sie beispielsweise einfach mit einer Wäscheklammer machen. So können die Tiere erst einmal vor die Tür und sich von dort die große neue Welt angucken. Wenn Sie ein Stückchen Kolbenhirse auf diesen Steg legen, werden die Federbälle vielleicht etwas schneller mutig. Auch hier ist, wie bei der Eingewöhnung, Geduld das Zauberwort. Wenn die Tiere sich nicht raustrauen, lassen Sie die Tür ruhig geöffnet, geben Sie ihnen Zeit.

Wellensittiche sind ganz hervorragende Flieger und haben eine sehr gute Koordination. Dennoch wird der erste Freiflug mit großer Wahrscheinlichkeit nicht ganz so rund laufen, wie Sie sich das eventuell vorstellen. Gerade bei Jungtieren kann es sein, dass diese noch zu schnell unterwegs sind und nicht rechtzeitig abbremsen können, wenn es zur Landung kommt. Das ist alles Übungssache. Auch Gefahren müssen erst einmal eingeschätzt und abgewogen werden. Eingangs hatte ich schon von dem

Fenster gesprochen. Deswegen müssen Sie jetzt keine schwarzen Vogelsilhouetten aufkleben, aber es kann sein, dass die Vögel erst einmal Kontakt knüpfen, um anschließend schnell festzustellen, dass die Scheibe nicht der beste Freund ist. Wellensittiche lernen schnell, das wird mit großer Wahrscheinlichkeit nicht wieder vorkommen. Beobachten Sie Ihre Vögel und schreiten Sie nur ein, wenn sie sich aus einer misslichen Lage wirklich nicht von selbst befreien können, z. B., wenn die kleinen Füßchen in der Gardine hängen bleiben.

Nun möchten Sie die Wellensittiche sicherlich auch irgendwann wieder in die Voliere locken. Bieten Sie außerhalb der Voliere kein Futter an! Irgendwann haben die kleinen Flauschbälle einen leeren Magen. Die Voliere ist ihnen bekannt, sie wissen, dass es dort etwas gibt, um den Hunger zu stillen. Spätestens dann werden sie ihre Heimat so langsam wieder ansteuern. Um den Zeitpunkt etwas zu beschleunigen, können Sie die Kolbenhirse jetzt hinter dem Türchen anbringen und die Vögel somit eher dazu verlocken, ihr Häuschen zu beziehen. Sollte auch das nicht funktionieren, lassen Sie die Tür einfach über Nacht geöffnet. Auch hier gilt, die Tiere nicht durch Einfangversuche wieder einzuschüchtern und das Vertrauen zu brechen. So verbinden sie mit dem Freiflug negative Erinnerungen und trauen sich die nächsten Male nicht wieder raus. Die Tiere brauchen für alles etwas Zeit. Nach ein paar Tagen wird schon eine Routine einkehren. Die Wellis wissen, sie müssen langsam zurück und werden das traute Heim zeitig ansteuern. Es wird sich innerhalb von kurzer Zeit einspielen.

NISTMÖGLICHKEITEN: JA ODER NEIN?

Ganz klares Nein! Nistkästen sollten nur angeboten werden, wenn Sie über ein großes Fachwissen und eine Menge Zeit verfügen, um sich um die Tiere zu kümmern. Hinzu kommt, dass bei einer Brut die Gesundheit der Henne gefährdet ist, wenn nicht alles einwandfrei läuft. Und ist die Henne krank oder gar dabei verstorben, besteht für die Küken kaum eine Chance!

Ohne angebotene Nistmöglichkeiten legen die Hennen im Normalfall keine Eier. Allerdings gibt es auch hier sture Damen, denen dieser Normalfall herzlich egal ist und sie beginnen trotzdem Eier zu legen. Hennen, die schwer darauf aus sind, zu brüten, werden sich passende Möglichkeiten suchen, gern auch beim Freiflug. Es gibt Hennen, die steuern eine offene Schublade im Raum an, andere suchen sich ein Plätzchen in der offenen Handtasche oder kuscheln sich in eine Sweatjacke ein, die auf dem Stuhl liegt.

Haben Sie so eine brutwillige Henne, möchten aber keinen Wellinachwuchs, sollten Sie die Eier möglichst schnell (maximal am nächsten Tag) abkochen. Sie brauchen keine Gewissensbisse haben, da im Ei lediglich das Sperma und der Dottersack enthalten sind. Es ist noch kein Leben im Ei.

Nun sollten Sie sich schnellstens an die Arbeit machen und die frei gewählten Nistplätze aus den zugänglichen Bereichen verbannen.

In den meisten Fällen versiegt die Brutlust, wenn die ersten ein, zwei Eier weggenommen wurden. Es ist ratsam, das Tageslicht einzudämmen. Bieten Sie außerdem nur reduziertes Grundfutter an und verzichten Sie ein paar Tage auf Grünfutter oder Keimfutter.

Lässt sich das Problem der gesteigerten Brutlust gar nicht eindämmen, suchen Sie bitte einen

vogelkundigen Tierarzt auf. Diese haben gute homö-
opathische Mittel dagegen.

JUDITH SEIFERT

Wie zutraulich wird mein Wellensittich?

HANDZAHM WERDEN

Eins vorweg: Nicht alle Wellis lassen sich davon überzeugen, Ihr neuer Kuschelfreund zu werden. Nehmen Sie das so an. Sie wollen ja auch nicht jedermanns bester Freund sein. Und selbst wenn, kann es lange Zeit in Anspruch nehmen, bis es soweit ist.

Wellensittiche sind Fluchttiere. Ihr Überleben hängt von ihrem Misstrauen und ihrer Vorsicht ab und rettet sie in der Natur.

Es gibt kein Patentrezept, um die Tiere handzahm zu bekommen. Die allerwichtigste Voraussetzung ist aber, dass Ihr Welli Vertrauen zu Ihnen hat. Es ist nicht unbedingt gesagt, dass es bei jungen Tieren schneller geht als bei etwas älteren. Ausschlaggebend ist der Charakter und das bereits Erlebte.

Haben Sie die Eingewöhnung wie beschrieben absolviert, ist ein guter Grundstein gelegt. Dann haben Ihre Federbälle Sie vermutlich schon als Vertrauensperson angenommen.

Reden Sie weiterhin stets in einem ruhigen Ton und zeigen Sie Ihren Tieren, dass die Hand nicht gefährlich ist. Stecken Sie Ihre Hand täglich mehrmals vorsichtig für ein paar Minuten in den Käfig oder vor ihre Sitzstelle beim Freiflug. Reagieren sie panisch und fangen direkt an, hin und her zu flattern, ziehen Sie sich zurück und versuchen es später wieder. Geben Sie nicht auf. Die Panik wird sich verringern und Ihre Hand wird kritisch beäugt. Manche Tiere sind schneller, es kann sein, dass Ihre Hand schon erforscht wird. Halten Sie ganz still. Während der Erste alles unter die Lupe nimmt, guckt der Rest eventuell zu.

Reizvoll ist ein Stiel Kolbenhirse auf der Hand.

Idealerweise, wenn die kleinen Australier sich nicht gerade sattgefuttert haben. Hungern lassen sollen Sie die Tiere allerdings nicht. Nehmen Sie den Stiel am unteren Ende zwischen die Finger und bewegen diese ruhig und langsam in Richtung Ihrer Vögel. Beobachten Sie dabei genau die Reaktion der Tiere. Haben diese Angst, halten Sie die Hand still. Wiederholen Sie diesen Lockversuch regelmäßig, aber übertreiben Sie es nicht.

Haben die Federbälle ihre Scheu überwunden und trauen sich schon, etwas Hirse aus der Hand zu fressen? Wunderbar! Rücken Sie den Stiel der Kolbenhirse näher zum Handballen. Schon bald werden die Wellis auf Ihrer Hand rumtapsen und genüsslich an der Kolbenhirse knabbern. Halten Sie die Hand immer noch still. Dann wird sie bald näher erkundet, es wird vielleicht auch mal leicht daran geknibbelt. Nun sind die Tiere soweit, dass sie wissen, die Felo-Hand ist gar nicht böse.

Versuchen Sie doch jetzt einmal, Ihre Hand ohne Kolbenhirse oder anderen Leckerlis in den Käfig zu stecken. Mit großer Wahrscheinlichkeit kommen die kleinen Racker trotzdem schnell rübergehopst. Schließlich gab es dort immer was zu knabbern. Da nichts vorhanden ist, kann die Hand weiter und eventuell sogar schon der Arm erkundet werden. Ist dies schon der Fall, versuchen Sie die Hand ganz langsam aus dem Käfig zu ziehen. Vielleicht erschrecken die Tiere erst einmal. Gegebenenfalls auch diese Versuche öfter wiederholen. Irgendwann wird es soweit sein, dass die Wellis sich von Ihnen tragen lassen. Dann haben Sie im Prinzip alles erreicht, was dazugehört, um Wellensittiche zu zähmen.

Halten Sie sich viel im Raum der Wellis auf, reden Sie stets behutsam mit den Tieren. Wenn die Tiere sich trauen, werden Sie von ganz allein irgendwann kommen und sich vielleicht auch auf Ihre Schulter setzen. Seien Sie stets geduldig, bewegen Sie sich nicht zu hektisch.

Sollte einmal ein Besuch beim Tierarzt anstehen, fangen Sie die Tiere nicht mit der nackten Hand. Achten Sie darauf, einen Handschuh zu tragen oder ein Handtuch zu benutzen. So können Sie das Risiko deutlich verringern, dass das gefasste Vertrauen wieder zerstört wird.

KANN MEIN WELLI SPRECHEN LERNEN?

Hier muss ich ganz klar Position beziehen: Hoffentlich nicht!

Leider ist der sprechende Wellensittich ein großer Wunsch vieler Halter, weil man immer mal wieder davon hört. Allerdings rührt dieses Talent fast immer aus purer Verzweiflung. Zur Mode gekommen ist der sprechende Wellensittich im 18./19. Jahrhundert. Es gehörte damals als Statussymbol dazu, einen kleinen Exoten zu halten wie Papageien oder eben Wellensittiche. Die Tiere wurden in viel zu kleinen Käfigen in Räumen gehalten, in denen sie auch gesehen wurden. Es gab kein Freiflug, es gab keine Bezugspersonen und es gab keine Gleichgesinnten, mit denen man interagieren konnte. An Beschäftigung war ebenfalls nicht zu denken, schließlich sollte der Vogel nur die Besucher auf den Wohlstand des Besitzers hinweisen und kein artgerechtes Leben führen.

Diese absolut unangebrachte Tierhaltung führte dazu, dass die Tiere starke Verhaltensstörungen an den Tag legten. Aus purer Langeweile, Verzweiflung und mangels richtiger Gesprächspartner fingen die

Vögel an, die menschlichen Laute nachzuahmen. Und siehe da: Da war er, der sprechende Wellensittich.

Bitte legen Sie keinen Wert auf einen sprechenden Wellensittich! Die Vögel brauchen ihre tierischen Mitbewohner.

Dennoch kann es in ganz seltenen Fällen sein, dass Sie einen Welli dabeihaben, der trotz seiner tierischen Kollegen die menschlichen Laute nachbildet oder großes Interesse daran hat. Ist das nicht der Fall, seien Sie nicht traurig. Es macht viel mehr Freude, seinen glücklichen Wellis beim fröhlichen Plausch zuzuhören als verkrampft zu versuchen, ihm ein paar Worte beizubringen!

Beschäftigungsmöglichkeiten für die kleinen Australier

BADEN

Wellis baden unheimlich gerne! Stellen Sie Ihren Tieren eine flache Schale mit niedrigem Rand an einem Ort, wo es auch drumherum etwas nass werden darf. Die Schale sollte nicht tief sein. Wellensittiche können nicht schwimmen. Sie wollen nur ordentlich im kühlen Nass plantschen. Legen Sie etwas frisches Grünzeug mit ins Wasser, das genießen die Tiere noch mehr.

Der Vormittag ist eine gute Badezeit. So können die Tiere bis zur Nacht ihr Gefieder trocknen. Hier erkennt man wieder die Herkunft zu den freilebenden Tieren. Nachts muss das Gefieder trocken sein, falls man im letzten Moment vor dem Feind fliehen muss. Bei heißen Temperaturen baden die Wellis auch gern jeden Tag. Achten Sie darauf, dass im Raum keine Zugluft herrscht und es warm genug ist. Wir wollen ja auch nicht im Winter mit offenem Fenster duschen und anschließend an einer Erkältung leiden.

Es gibt tatsächlich Wellis, die nicht gern baden, aber es lieben, mit Wasser besprüht zu werden. Sicherlich haben Sie auch schon Bilder von Vögeln gesehen, die unter dem Wasserhahn auf der Spüle duschen. Testen Sie einfach aus, was Ihre Tiere für Vorlieben haben.

SPIELZEUG

Wellensittiche sind kluge kleine Vögel, die es lieben, gefordert zu werden. Sie steuern gerne Äste und Zweige an, freuen sich über Weidenkugeln oder -ringe und noch mehr über Klettergerüste, am besten im ganzen Raum an verschiedenen Stellen verteilt. Das Tolle ist, dass Sie viele der Utensilien bei einem entspannten Spaziergang im Wald sammeln können. Es wird alles gern angenagt, was bei diesen Naturschätzen kein Problem darstellt. Und für Ersatz kann auch jederzeit gesorgt werden.

FORAGING-SPIELZEUG

Foraging ist Englisch und bedeutet „Nahrungssuche". Da kann man sich denken, dass es bei dieser Bezeichnung darum geht, das Futter spielerisch zu entdecken. Wellis lieben die neuen Herausforderungen. Wenn diese noch mit leckerem Futter einhergehen, sind sie in ihrem persönlichen Paradies.

Foraging-Spielzeug können Sie im Zoohandel kaufen oder auch selber machen. Leere Klopapier- oder Küchenrollen sind beispielsweise eine gute Basis. Sie können mit einem lange Schaschlikspieß quer in die Rolle piksen, in der Rolle ein Stück Obst oder Gemüse befestigen und dann wieder raus in die nächste Rolle. Nun werden Ihre Wellis überlegen, wie sie an das Futter kommen. Dabei kennt der Einfallsreichtum kaum Grenzen. Sie können auch einzelne Körner in einem Tuch verstecken und dieses zusammenknüllen, sodass die kleinen Australier es auseinanderziehen müssen, um an das Futter zu gelangen. Wichtig ist aber, stets ein Auge auf die Tiere zu haben. Sollten sie sich mal verfangen, müssen Sie eingreifen. Bei frischem Gemüse oder Obst sollte das

Spiel außerdem nicht zu sehr in die Länge gezogen werden, da sich sonst Bakterien ansiedeln können. Und bitte lassen Sie Ihre Wellis nicht erst hungern, damit sie sich auf das Foraging-Spielzeug einlassen. Das ist unzumutbar!

GLÖCKCHEN

Alles, was Krach macht, ist gut. Glöckchen aus Acryl, deren Unterseite geschlossen ist und nicht gegebenenfalls mal eine kleine Kugel rausfallen lassen, sind eine Superidee für Ihre gefiederten Mitbewohner. Sie können auch ein paar Gardinenringe aneinanderhängen, ähnlich wie ein Traumfänger. Die Tiere werden schnell erkennen, was zu tun ist, um einen Klang hervorzulocken.

NO-GO

Leider immer noch angeboten werden Wellensittiche aus Plastik oder Spiegel, die gegen die Einsamkeit von Wellensittichen bei Einzelhaltung helfen sollen. Das ist unfassbar traurig. Zum einen vermittelt es den Eindruck, dass einem einzeln gehaltenen Wellensittich damit Gesellschaft verschafft werden kann. Zum anderen kann es sein, dass der Wellensittich sein Spiegelbild oder seinen Plastikgefährten mit Futter versorgen möchte, da dieser ja nichts frisst. So können Kropfentzündungen (siehe Krankheiten) hervorgerufen werden. Diese schmerzhafte Erkrankung kann für den Wellensittich tödlich ausgehen!

SELBSTGEBAUTES SPIELZEUG

Wie bereits geschrieben, können Sie für Ihre Federbälle jede Menge Spielmöglichkeiten selber basteln und bauen. Es gibt nur einige Regeln zu beachten. Nutzen Sie nur Hölzer, die nicht behandelt wurden. Haben Sie etwas im Wald gesammelt, reinigen und trocknen Sie die Äste und achten darauf, dass diese Sorten für die Wellensittiche nicht giftig sind. Pappel, Kastanie, Ahorn, Buche, Eberesche, Linden, Obstbäume oder Haselnuss sind gängige Hölzer, die keinen Schaden anrichten. Unbehandelte Weide kann auch gekauft werden, sollte aber als unbehandelt ausgewiesen sein.

Unbedenkliches Material ist auch Kork. Kaufen Sie es als Bastelmaterial, desinfizieren Sie es vorher im Backofen, sodass eventuell vorhandene Parasiten abgetötet werden.

Seile werden gebraucht, um Spielzeug zusammenzubinden oder aufzuhängen. Achten Sie unbedingt darauf, dass diese nur aus geflochtener Baumwolle bestehen. Wellensittiche nagen und knabbern gern und ziehen gern mal ein paar Fasern aus anderen Seilen heraus. Diese können sich festsetzen und auch zu einer Kropfentzündung führen. Auch können die Wellis mit ihren Krallen hängenbleiben und sich selber nicht mehr befreien.

Die Mauser

Mehrmals im Jahr kommen die Wellensittiche in die Mauser. Dies passiert bei Wellensittichen in Gefangenschaft häufig bei Änderung der Temperaturen. Sie bekommen sozusagen ihr Sommer- oder Winterfell, denn das Gefieder reguliert die Körpertemperatur der Vögel.

Da die Flugfähigkeit der kleinen Australier stets gegeben sein muss, passiert das nach und nach. Die neu wachsenden Federn sind von einer dünnen, weiß-durchsichtigen Hülle umgeben, der sogenannten Federscheide. Der nachwachsende Federkiel hat eine blassrosa Farbe, was an der starken Durchblutung liegt. Hat die Feder ihre Endlänge erreicht, öffnet sich der Federkiel von der Spitze zum Körper hin und die dünne Hülle fällt ab. Die Vögel sehen in dieser Zeit sehr gerupft aus, sie putzen sich vermehrt und schubbern sich. Die Mauser kann mehrere Wochen dauern.

Erleichtern Sie Ihrem Federfreund diese Zeit, indem Sie ihm vermehrt Gurke oder Vogelmiere anbieten. Die enthaltene Kieselsäure wird während der Mauser vermehrt benötigt.

Kann eines Ihrer Tiere während der Mauser über mehrere Tage nicht fliegen oder hat über einen Zeitraum von zwei bis drei Wochen keine neuen sprießenden Federn, konsultieren Sie bitte Ihren vogelkundigen Tierarzt. Es sollte ausgeschlossen werden, dass nicht eine andere Erkrankung vorliegt, die die Mauser behindert.

JUDITH SEIFERT

Gründe für den Besuch eines Tierarztes

Für Ihre Federbälle sollten Sie stets einen vogelkundigen Tierarzt (VkTA) aufsuchen. Diese haben sich in der Regel nach Ihrem Studium im Bereich der Vogelkunde weitergebildet. Vogelheilkunde wird im normalen Tiermedizin-Studium eher oberflächlich behandelt. Aus diesem Grund kann ein normaler Kleintierarzt nicht immer weiterhelfen. Für Ihren Vogel kann dies im schlimmsten Fall lebensbedrohlich ausgehen, wenn bei schwerwiegenden Erkrankungen Zeit verloren geht.

Haben Sie durch andere Haustiere schon einen festen Tierarzt, fragen Sie einfach, ob dieser auch vogelkundig ist. Ist das nicht der Fall, haben Sie im Internet beste Möglichkeiten, einen vogelkundigen Tierarzt in Ihrer Nähe zu finden. Oder Sie fragen einfach Ihren Tierarzt nach vogelkundigen Kollegen.

Wellensittiche versuchen ihr Unwohlsein möglichst lange zu verbergen. In freier Wildbahn ist das die einzige Chance zu überleben. Wer im Schwarm Schwäche zeigt, muss sich darauf gefasst machen, dass er ausgestoßen wird. Schließlich stellt er ein erhöhtes Risiko für die ganze Gruppe dar, welches Fressfeinde anlockt. Sollten Sie Ihrem kleinen Federball also ansehen, dass es ihm nicht gut geht, müssen Sie den VkTA möglichst zeitnah aufsuchen. Der Vogel leidet mit großer Wahrscheinlichkeit schon länger und hat (eventuell starke) Schmerzen.

EINGANGSUNTERSUCHUNG

Grundsätzlich sollten Sie sich natürlich nur Tiere anschaffen, die einen einwandfreien Eindruck machen. Nichtsdestotrotz sollten Sie Ihren künftigen Mitbewohner einem Tierarzt vorstellen, vor allem dann, wenn er einem vorhandenen Schwarm zugesetzt wird oder direkt mit anderen Tieren sein neues Zuhause bezieht. Nur der Tierarzt kann beurteilen, ob das Tier wirklich gesund ist und keine Gefahr für sich und andere ausgeht. Das Risiko ist es nicht wert, sich gegebenenfalls ein krankes Tier ins Haus zu holen. Daran hat keiner lange Freude, vor allem der kleine Welli nicht.

MILBEN

Milben sind vom Laien kaum zu erkennen, obwohl sie leider recht häufig bei Wellensittichen vorkommen. Milben leben in der Haut des Vogels und legen dort ihre Eier. Es ist möglich, dass der Vogel schon mehrere Monate Milben hat, jedoch keinerlei Anzeichen aufweist oder Symptome erkennbar sind. Falsche Ernährung, Stress, mangelnde Hygiene oder anderweitige Krankheiten können dann den Ausbruch veranlassen. Der Ausbruch ist nicht zu unterschätzen und kann zu schweren Erkrankungen führen.

Hat Ihr Welli Milben, so können Sie das daran erkennen, dass auf dem oberen Teil des Schnabels Unregelmäßigkeiten auftreten. Leidet das Tier schon etwas länger, bilden sich Wucherungen auf der Wachshaut und um die Augen, an den Füßen und im Kloakenbereich. Sie können es überall erkennen, wo die Vogelhaut nicht durch Federn verdeckt ist. Wenden Sie keinesfalls eigene Mittelchen an, über die Sie im Internet gelesen oder die Sie im Fachmarkt gekauft haben. Diese wirken nicht effektiv und können dem Tier schaden!

Es sollte unbedingt ein vogelkundiger Tierarzt aufgesucht werden, denn Milben verschwinden leider nicht von allein. Zusätzlich zur Behandlung sollten Sie nun sehr auf die Hygiene der Voliere und der Spielplätze achten. Tauschen Sie vorhandenes Spielzeug und Sitzgelegenheiten aus oder desinfizieren Sie diese gründlich. Wunderbar geht dies im Backofen bei 100 bis 150 Grad Celsius. Auf chemische Mittel sollten Sie verzichten.

LEGENOT

Ist ein Ei unterwegs und kann nicht nach außen transportiert werden, gerät die Henne in Legenot. Das kann unter anderem durch Mangelernährung, Stress oder Fettleibigkeit begünstigt werden. Dies hat zur Folge, dass die Eierschale eine veränderte Oberfläche aufweist oder es sind sogenannte Windeier unterwegs. Bei Letzterem wird das Ei nicht durch eine feste Schale, sondern lediglich von einer dünnen Haut zusammengehalten. Durch die Muskelbewegungen kann das Ei nicht nach außen gedrückt werden. Es besteht ein großes Risiko für die Henne, denn das Ei kann im Körperinneren zerbrechen.

Sie erkennen eine Legenot daran, dass die Henne sehr erschöpft ist und unter ständigem Pressdruck leidet. Wird die Kloake schnell geöffnet und geschlossen, sitzt die Henne breitbeinig mit einer Schwellung vor der Kloake (nicht am Bauch) und hat gespreizte Flügel, sollten Sie möglichst schnell einen Tierarzt aufsuchen. Wird zu lange gewartet, kann Ihre Henne schon nach ca. 12 Stunden leblos am Boden liegen.

ASPERGILLOSE

Aspergillose ist eine Krankheit, die durch Schimmelpilze ausgelöst wird. Diese Krankheit zählt zu den häufigsten Todesursachen bei den Sittichen, da sie häufig nicht oder erst zu spät erkannt wird.

Ausgelöst werden kann die Krankheit durch eine nicht artgerechte Haltung, aber auch durch einen zu geringen Anteil an Luftfeuchtigkeit und schlechter Belüftung. Ist die Ernährung dann nicht ideal oder der Vogel leidet unter Stress, ist das eine sehr ungünstige Konstellation. Auch im Futter können sich Schimmelpilze befinden, wenn es nicht richtig gelagert ist. Gerade bei Frischfutter sollten Sie darauf achten, dass dies auch wirklich frisch ist und Schimmelpilze gar nicht erst entstehen können.

Sie können eine Aspergillose daran erkennen, dass Ihr Tier häufig den Hals überdehnt und sich gern mit dem Schnabel am Gitter einhakt. Da die Lungen befallen werden, kann die Atmung knackend klingen. Verliert der Vogel dazu noch seine Stimme, leidet unter Appetitlosigkeit und Atemnot, kratz er sich gern im Gesicht und ist häufig müde, besteht das Risiko, erkrankt zu sein. Ist die Krankheit schon weiter fortgeschritten, so können auch Krämpfe,

Orientierungslosigkeit und Gleichgewichtsstörungen auftreten.

Auch hier gilt, möglichst schnell einen vogelkundigen Tierarzt aufzusuchen.

MACRORHABDIOSE

Die Macrorhabdiose ist eine chronische Infektionskrankheit im Magen-Darm-Trakt. Es handelt sich um einen Hefepilz, der verhindert, dass aufgenommene Nahrung richtig verdaut werden kann. Die Krankheit ist etwas hinterlistig, da der Welli optisch keinerlei Anzeichen für sein Unwohlsein aufweist. Sitzt der Vogel teilnahmslos auf der Stange, weist unverdaute Körner im Kot auf oder erbricht, sind die Zeichen offensichtlich. Die Nährstoffe im Futter können vom Körper nicht mehr aufgenommen werden. Häufig wird Marcorhabdiose auch als Megabakterien bezeichnet. Diese Krankheit ist glücklicherweise gut behandelbar, wenn Sie den Tierarztbesuch nicht auf die lange Bank schieben. Wellensittiche verlieren schnell an Gewicht, wenn sie die Nahrung nicht aufnehmen oder verarbeiten können. Das macht die Genesung natürlich nicht einfacher!
Es ist möglich, dass Ihr Tier diese Krankheit schon

jahrelang in sich trägt, aber nie Anzeichen dafür hatte. Plötzlich kommt ein sogenannter Schub und die Krankheit kann ausbrechen.

KROPFENTZÜNDUNGEN

Kropfentzündungen können hervorgerufen werden durch aufgenommene Fremdkörper oder Infektionen. Bei Tieren, die im Haus oder in der Wohnung leben, sind häufig Fremdkörper der Grund dafür. Wie bereits geschrieben, sind Wellensittiche sehr knabberfreudig. Wird etwas Falsches angeknabbert, was nicht mitverdaut oder wieder hochgewürgt wird, so können sich Einzelteile davon festsetzen und zu einer EVertantzündung führen. Ihr Tier wird Körner oder Schleim erbrechen und Sie sollten auf jeden Fall einen vogelkundigen Tierarzt aufsuchen.

Handelt es sich um eine anderweitige Infektion, die nicht durch Fremdkörper ausgelöst wurde, so kann diese viele Gründe haben und auf andere der beschriebenen Krankheiten hindeuten. Dann ist es lediglich eine Begleiterscheinung. Hier wird der Tierarzt einen Abstrich im Kropfbereich machen, um die genaue Ursache zu diagnostizieren.

TRICHOMONADEN

Trichomonaden sind, wie die Milben, Parasiten. Allerdings sind diese noch deutlich kleiner als Milben und nicht so gut sichtbar. Trichomonaden können über kleine Wunden eindringen oder auch über das Trinkwasser übertragen werden, da sie sich selbstständig im Wasser fortbewegen können. Begünstigt wird die Vermehrung dieser unliebsamen Lebensform vor allem im Sommer. Bei hohen Temperaturen vermehren sie sich besonders gut. Sie merken immer wieder, wie wichtig eine gute Hygiene ist!

Vögel, die an dieser Krankheit leiden, würgen Futter hoch oder erbrechen es. Selbst wenn Sie es dieses Mal nicht mitbekommen, können Sie es am Federkleid erkennen. Häufig ist es verklebt und im Kopf- und Brustgefieder gibt es gelblich oder weiße Verfärbungen. Gucken Sie sich den Käfig und die Futter- und Trinknäpfe genau an. Können Sie hier Schleimreste entdecken, die wie verschmierte Ablagerungen aussehen, deutet vieles auf Trichomonaden hin. Vielleicht muss Ihr Federball auch vermehrt niesen oder hat einen geschwollenen Kropf. Durch die erschwerte Nahrungsaufnahme kommt es in kurzer Zeit zu hohem Gewichtsverlust. Ein vogelkundiger Tierarzt ist direkt aufzusuchen.

Ist Ihr Welli erkrankt, so sollte Ihr ganzer Schwarm behandelt werden Trichomonaden sind hochansteckend!

TUMOR

Wie viele andere Lebewesen können auch Wellensittiche an Tumoren erkranken. Das muss nicht zwangsläufig immer gleich bösartig ausgehen.

Gutartige Tumore können einfache Fettgeschwülste sein, die sich durch ausreichend Bewegung und eine ausgeglichene Ernährung meist verhindern lassen.

Bösartige Tumore befallen umliegendes Gewebe und verzweigen sich in den Blutkreislauf der Tiere. So können Metastasen gestreut werden und das Gewebe wird infiziert. Eine Behandlung ist leider selten von Erfolg gekrönt und die Tiere müssen eingeschläfert werden.

An Symptomen kann man alles aufzählen, was bisher genannt wurde. Doch keine Sorge, nicht jedes Anzeichen ist ein Hinweis auf einen bösartigen Tumor.

Sie sehen, es ist wichtig, einen vogelkundigen Tierarzt aufzusuchen. Um keine Zeit zu verlieren, sollten Sie schon vorher eine Transportbox anschaffen, um sich im Ernstfall schnell mit Ihrem kleinen Liebling auf den Weg machen zu können.

WORAN ERKENNEN SIE, DASS ES IHREM WELLI NICHT GUT GEHT?

Sie kennen Ihre Tiere am besten. Beobachten Sie genau, wenn sich etwas am Verhalten verändert, wenn körperliche Veränderungen zu erkennen sind oder wenn der Kot anders aussieht. Einige Auffälligkeiten wurden schon zu den jeweiligen Krankheitsbildern genannt. Hier folgt eine Gesamtübersicht. Entdecken Sie folgende Verhaltensveränderungen bei Ihren Wellensittichen, gucken Sie genauer hin!

- Ihr Vogel ist apathisch, teilnahmslos oder benommen.

- Es werden Schleim oder Körner hochgewürgt.

- Es besteht keinerlei Interesse an den anderen Tieren im Schwarm.

- Der Vogel sitzt mit wippendem oder abgeknicktem Schwanz und offenem Schnabel schwer atmend.

- Der Vogel schläft übermäßig viel.

- Die Atmung klingt pfeifend oder knackend.

- Der Vogel kann nicht mehr koordiniert fliegen, er stürzt ab oder kommt nicht mehr richtig hoch.
- Der Vogel kratzt sich ständig an der Kloake.
- Der Vogel trinkt und frisst viel mehr oder weniger als sonst.
- Er rupft sich so stark, dass am Körper kahle Stellen entstehen.
- Ein Flügel hängt herunter.
- Ein Bein wird dauerhaft eingezogen.
- Der Körper zittert.
- Die Augen sind übermäßig viel geschlossen.

EIN WELLI IST VERSTORBEN, WAS NUN?

Ob wir es wollen oder nicht. Irgendwann kommt der Moment, wo einer der liebgewonnenen Mitbewohner verstirbt. Sie werden traurig sein und feststellen, dass man sich doch arg an so ein kleines Federmonster gewöhnen kann, auch wenn man in manchen Situationen vielleicht etwas mehr Ruhe oder Sauberkeit hätte. Stellen Sie sich vor, wie es erst dem verbliebenen Freund in der Voliere gehen muss. Sein Lebenspartner hat ihn verlassen, er wird suchend umherirren und nach ihm rufen. Gerade bei der

Haltung eines einzelnen Paars wird der verbliebene Welli panisch und unruhig. Für ihn ist es die reinste Qual.

Dieser Zustand sollte möglichst kurzfristig behoben werden. Er braucht dringend wieder Gesellschaft.

Ist es für Sie nun der Punkt, an dem Sie feststellen, es ist keine Zeit oder kein Interesse mehr für die Wellensittichhaltung, geben Sie Ihren Federball in gute Hände weiter. Kommt das nicht infrage, sollten Sie sich auf die Suche nach einem neuen Lebensgefährten machen.

Egal, wofür Sie sich entscheiden. Ist der verstorbene Vogel an einer Krankheit verendet, muss erst ausgeschlossen werden, dass der (oder die) verbliebene(n) Welli(s) nicht ebenfalls erkrankt ist/sind, sofern es sich um eine ansteckende Krankheit gehandelt hat. Lassen Sie das vorab von Ihrem Tierarzt abklären. Spricht nichts gegen die Vergesellschaftung mit einem oder vielleicht sogar mehreren neuen Tier(en), müssen Sie nur ein paar Dinge beachten, damit die neue Zusammenstellung möglichst harmonisch miteinander umgeht.
Zu Beginn habe ich schon geschrieben, welche

Kombinationen möglich sind. Hahn und Henne oder Hahn und Hahn sind unproblematisch. Achten Sie aber nicht nur auf das Geschlecht. Auch das Alter sollte in etwa ähnlich sein.

Warten Sie nicht zu lang mit der Neuanschaffung. Ihr verbliebener Welli ist einsam und braucht dringend einen neuen Mitbewohner. Nein, Sie sind kein adäquater Ersatz, da können Sie sich noch so viel Mühe geben.

Haben Sie ein passendes Gegenstück gefunden, denken Sie daran, diesen beim vogelkundigen Tierarzt vorzustellen und auf eventuell vorhandene Krankheiten oder Parasiten untersuchen zu lassen. Solange die Ergebnisse nicht eindeutig sind, können Sie den Neuankömmling in einem Extra-Käfig mit in den Raum stellen. So können die Tiere sich schon sehen und unterhalten. Ein erstes Kennenlernen ist schon gegeben. Wenn das Okay vom Tierarzt kommt, dürfen die Wellis sich näher beschnuppern. Öffnen Sie die Käfigtüre Ihres alteingesessenen Tieres. Vermutlich wird er direkt den Käfig des Neuankömmlings ansteuern. Wenn es für Sie danach aussieht, dass die beiden ganz harmonisch miteinander umgehen, öffnen Sie auch die Tür des neuen Wellis.

Nach einiger Zeit wird er sich raustrauen. Da die kleinen Papageien absolut soziale Tiere sind, wird der Neue vom Oldie eingewiesen. Schließlich kennt er die Futter- und Trinkstellen und weiß, wo es die besten Leckerlis gibt. Nach dem Erkunden wird meistens zusammen die neue Heimat angesteuert, denn keiner der beiden möchte allein in seiner Voliere sitzen.

Traut der Neue sich dagegen vielleicht erst einmal nicht in die neue Freiheit, warten Sie ab. Wie bei der Eingewöhnung gilt auch hier: Haben Sie Geduld und versuchen Sie nichts zu erzwingen!

Schlusswort

Jetzt sind Sie optimal informiert über die kleinen Australier. Ich bin mir sicher, dass diese geselligen und farbenfrohen Wesen Ihnen in Ihrem Alltag viel Freude bereiten werden.

Herstellung und Verlag:
BoD – Books on Demand, Norderstedt
ISBN: 9783752602883

1. Auflage
Kontakt: Psiana eCom UG/ Berumer Str. 44/ 26844 Jemgum
Covergestaltung: Fenna Larsson
Coverfoto: depositphotos.com